你是我的城市

高原　著

作家出版社

目录

自 序

其实生活已经给予太多温柔的对待

当你再次喝醉，透过迷离的双眼，沉静地看那一地飘飞的鸡毛，和无尽的夜空中冲天的焰火。其实，你是执意和清醒的，你聆听到了内心深处理性的回音。

你明白，世上的万事万物，绝非偶然，站立苍茫的大地上，感受到了那颗永远躁动的不安分的心。夜空中最亮的星沉落心底，你是如此挚爱现实中的生活，和周遭的一切万物生长。

默默地关闭一扇窗，而另一扇心门已经打开。通往未知的路途，选择安然与善意。其实，生活已经给予太多风霜与温柔的对待。有的会转身离去，有的也在迎面走来！

总有一个人

总会有一个人

让我牵挂又满怀期待

在平淡的日子里闪闪发亮

惊讶这颗心还有力量

和那越冬的候鸟一样跨越重洋

飞到了远方

总会有一个人等在阳光下

把一路的风尘问候

总会有一个人吧

在我渐渐疲惫的行囊里

注入信心和温暖

我经过的山山水水

绝不是一个人的旅程

繁忙的街道，拥挤的人群

始终并肩而行

朝着同一个方向憧憬

海那边

你不是我的生活

也不是我热恋的地方

而我还是觉得

你有那么一点小确幸

让我牵肠挂肚

落下或升起的太阳

总是那么简约而耀眼

海又是那样蓝

蓝到单调而又寂寞

我不了解你但总有一些熟悉

从不认识另一个人

却又总是惦记着夏天或秋天

期待着冬去和春暖

漫漫时日

总会不经意间

守候在单飞的视线里

追寻你一次次从海的那边浮现

不灭不熄的灯光

火焰般金色的奇迹

默默无言又深情厚谊

你和日月一样触碰到内心
短暂，丰富，而又执念
不知道想说些什么
星星那么近
风轻一阵紧一阵
绰约而温馨
那些不轻易靠岸的心事
横穿了整个季节
正好我来，恰好你在

城市的黄昏

夜幕

在楼顶铺开一张灰色的网

这个时候

城市灯光秀还没上演

跳跃在树上的麻雀

早已不见了影踪

没有风，树是静止的

放飞在天空的风筝

怎么也飞不高，怎么也飞不远

飞得渐渐低垂

收起长长的线索

卷进大汗淋漓的手心

那只蝴蝶

会在今夜的梦中飞翔吗

这是一个城市的黄昏

夜晚即将来临

一个接一个的岔口

一个又一个的红灯

汽车、电动车、行人都被约束了
拥挤着，推挪着
而心不可能纠缠在一起
奔赴不同的方向
隐藏了整个冬天的肌肤
短得不能再短的牛仔裙
在流动的视线里分外醒目

行囊里装满喜悦、忧伤或迷茫
在城市的街头毫不起眼
无人搭讪与过问
没有人会想到你是出发还是归途
也没有人猜测你诗意的远方
此刻里
一二盏灯开始亮了
还有几扇窗次第开放

这是一个城市的黄昏
夜晚即刻来临

小巷斑驳的光影
写满大大的拆字
如同奔赴刑场的布告

宣判命运的归期
铁壶里滚烫的茶水渐渐冷却
褪色了的春联与灯笼
还有那首歌
逐成洗尽铅华的往事
孩子们手中的沙画
画有高楼与梦想
却画不出城市的星光和月亮

这是一个城市的黄昏
夜晚已经来临

岁月

我的青涩

爬上了开往远方的火车

我的行囊里塞满了我的梦想

我把春天的绿叶

折叠成一张小小的车票

我把三月的朦胧写成四月的晴朗

我的岁月

是一条斑白的牛仔裤

那一头飘逸的长发

那一派忧郁的神色

在青春的时光里游荡

校园的橱窗里

被排版的情怀与诗句

曾是我一生最美的风景

至今

我仍然喜欢

背后那追逐的，灼热的目光

想念

今夜

醉在岁末的硝烟里

醉在思乡的行囊里

过的是城里的新年

想的是山里的老家

此刻

只有你我还会彼此想起

故乡

生命旅途上那漂泊的驿站

后街

初春的寒意
灯火阑珊的酒吧
售卖啤酒、青春和暧昧
风车不转，时光在转
有一种心情在夜色里沉没
在长长的风中没有了踪迹

曾经遗忘

回到了小山村

一个魂牵梦绕的地方

田埂上散落的五颜六色的花儿

我希望是其中的一朵

这是曾经执意逃离的土地啊

一些青春的痕迹留在这里

在墙根，在屋顶，在自由的呼吸里

在蝴蝶的纷飞里

不再是叮咚山泉唤醒的浅浅时光

小鸟也变得不理不睬了

早起的炊烟朝着任意的方向

只有那片山云是最写意的

如一位印象派画家自由地涂鸦

阳光一会儿又出来了

硬生生绘就了一幅远山的图画

只为这个春天灿烂的盛开

是岁月改变了往昔的容颜
还是心灵走过了长长的路
时空穿越间
渐行渐远的路途上
那些醉人的风景
那些褪色了的人和事
那样深刻地留下了年轮
挥之不去，难以忘怀
人生是个很大的诱惑
为了那一丁点儿的灿烂
甘愿忍受一年四季漫长的等待
甚至不惜守候一生

愿

任何个体的生命
都可以忽略不计
任何一只飞鸟
都可以在天空留下轨迹
羡慕山间的野花
以与世无争的心态
生也从容，枯也从容
苍茫人世
追求什么可能一无所获
而无所追求
是不是就拥有更多呢

追

人有时是不清楚自己到底需要什么的
时间的变化、环境的变迁
精神的舒张、欲望的膨胀、梦想的追逐
可能导致双腿被巨大的外力挟持着
卷入滚滚红尘
无望而又无奈地奔跑
来不及回眸也容不得思考
原本既定的人生理想就这样地丢失了

微风过往

无论在与不在

都已融入生命中

在时间的此岸与彼岸

微风过往

所有的迷醉与空蒙

在目光尽头

是远去的雁飞往秋天

盛夏的果实有了秋的颜色

在水天相接处

在灵魂深处写下诗句

光芒

总想逃避喧嚣的生活表情
将心情洒向秋天的稻田里
那点点光芒是谁种下的时光
芦苇花簇拥的岁月到底去了哪里
沿着年华的阶梯
看见一片斑驳的意念
洒落一地的色彩迷离

赶海

在海边
冬天被季节遗忘
海风唤醒沉寂已久的诗意
一行歪歪斜斜的足印写在沙滩上
任潮汐冲刷记忆的沟壑与深邃

边界

双眸
从未黯淡过

寂寥的长风
寻觅温暖的幻影

彼岸的灯看似很近
其实很远

拥挤的人群
只有影子在追随

灿若星辰的霓虹
迷失在梦里

月光
飘摇不定
水是静止的
而心永远无法靠岸

幸福的样子

当夜晚很长，路又显得过于寂寞
而现实只是渐行渐远的时候
只要记住
在阴霾的天空种下爱意的阳光

不曾怀疑越来越多的昨天
总在期待未来缤纷的模样

看不见的夜色
播下满天星河的想象
停不下来的脚步
记住风的方向
一个人的瞭望
盛放一片幸福的向往

异乡

雨后的夜幕
一片云，几颗星
从不放弃的灯火
通亮到天明

沦陷

阳春三月
又成回忆
初夏的这场雨
把思念打湿
心，突破空间的阻隔
而脚步更加遥遥无期

思念里的那只风筝

忍不住寻觅
放飞在思念里的那只风筝
越飞越远，挣脱了视线
攥在手心的绳索越抓越紧
若隐若现的晴空万里
原来是个伪命题

与梦想有关

小时候

群山挡住了我的脚步

却从未阻挡我的心

那漫天的湛蓝

给了我无尽的遐想

我最初的模样

一定是狂奔在山水间

萤火与虫鸣

点亮一个个小小的梦想

我将纯真的眼神

挂在房前的鸟巢里

期许归来的燕子

衔来春天的气息

悄悄地

洒一地缤纷的期许

在心田种下秧苗

种下迫不及待的成长

春风

我终于有了一个装满春风的书包
还有一双走向远方的布鞋

相依为命的小狗
送我到蘑菇云燃烧的山头
夜色催促得紧
而你的眷恋
始终陪伴在我的身旁

我担心你迷失在苍茫的林海
而你，忧伤我孤单的远方
我将潮湿的目光
轻轻地抚摸你的额头
看见你童真的眼神清澈透亮

分别，总是难免
风松一阵紧一阵
空旷原野的回头一瞬
我看见瘦削的云端
你站成树的形象

远方的路总是很短
回家的路总是很长
在长长的心路上
我信仰忠诚的分量
岁月沧桑写意间
有一种情怀叫陪伴
另一种缅怀叫思念

回忆

我把理想放下了
放回理想开始的地方
那里盛产蝴蝶
那里也盛产春天

夏夜

喜欢在夜色里散步
孤单或寂寞
不希望有人搭理我
聊天或谈论
喜欢在此刻里放下
沉默或瞭望
看不到远方
但看得见脚下的路
三步或两步
停下又继续
重复而不同
在春天里种下的渴望
在此刻隐藏或生长
同样期待明天的阳光
而歌一直在心里
滋润着季节和年华

这些年

习惯了喧嚣的生活
也习惯了无边的寂寞
习惯了活在现实里
也习惯了做着长长的梦

似乎看过了很多风景
却不曾留下很深的记忆
似乎走得很远
而又无法真正靠近

鸟儿南飞时
心也跟着飞
感知天空的颜色
体味大地的温度

岁月的风尘
落在明亮的眸子里
此岸，彼岸
几步之遥
却要用一生去穿越

远去的故乡

原来
你我之间的距离
隔着一条时光的河流
你在时间的那头
我在时间的这头
从离开的那一天起
终将不再回头
愈行愈远，遥遥相望
一颗流浪的心
安放在城市的角落
熟悉了每一条街道
习惯了陌生与拥挤
耸立云端的视线
怎么也穿越不了都市的丛林

而我依然
会在梦里回到青春
回到岁月的墙脚
阳光下的思念
芳香如酒

在记忆中储存

你立在时间的那头
我站在时间的这头
天边的那片云卷云舒
你我的眼睛
是否向着同一个方向眺望
你是否也和我一样
默默无言而又满眼泪光

雨夜

夜色
在霓虹里明媚了起来
心灵的扁舟
停靠在这小小的站台
风，没有了梦想
也没有了方向
在溢彩的海里轻柔地飘荡

雨，就是在这个时候下了
开始点点滴滴
然后大片地落得清脆作响
午间的睡意
也就是在这个时候变得清醒

伞，微不足道的半径
划出一方无雨的天空
心如潮汐
湿润得如此透明

至少
还有一盏灯等在原地
也还有一个人来到这里
与你温柔地站在一起

存在

孩子，命运让我们
相逢在人生这条缤纷的河流上

河流的上一段是我的历史
那些布满青苔的年华
已有了沧桑的痕迹
我得承认
我是一个坚持了理想
而又被理想打败的孩子
在我的血脉里拥抱了现实的狂欢
我坚持了梦想之路而又终将遗憾
所以
我残缺的双桨停泊在岁月的岸边
默默地目送你扬帆远航

孩子，命运让我们
相逢在人生这条缤纷的河流上

河流的下一段是你的旅程
我坚信

属于你的河流将更加宽广

因为在你前方更接近蔚蓝的海洋

我希望你

不要带着眷恋离开我的视线

纵然我的目光焊接在你远行的背影上

你终将开启崭新的世界

就如我还将继续我的生活一样

亲爱的孩子

在这条缤纷的河流上

我们有过这样的交集

有过这般无奈而又深沉的渴望

面向大海，春暖花开

往往只是生活的表象

你要记住

你可以是一个被理想打败的孩子

但你终将战胜的是你自己

等风来

来过这里

凝视过眼前迷离的灯火

只是此前与此刻

这个世界都有大大的不同

生活给予某一种视角

而眼睛常常欺骗着内心

有如明媚背后的黑暗

无迹可寻，无处可遁

月亮留在了昨夜

那些与星光的对话

有些微醉，有些微风的暧昧

而又无从说起

总有一些心事

散落在潮湿的岁月里

渐渐泛黄

早已泛味

某年某日翻开的书页

仍停留在某个章节

等风来

已是一种奢望

黑夜蒙住了我的眼睛

隐藏在明媚的灯影里

我始终无法看清

每当夜色来临

你一直都是我灵魂的伴侣

那杯酒，那迷离的眼神

那些微醉的话语

说后又遗忘

那些潮湿的向往

在寂寥的风中渐渐晾干

你的心事

是否和我一样

开始有了寂寞的颜色

与深秋的叶子一起

悄然落地

我们之间的距离

足以让黑夜蒙住眼睛

而我一直渴望靠近

这个世界

只有我懂得你的悲伤

在一个无人过往的时段

只有我

还能这样深情地凝望

想象你的样子

和一辈子都不会说出的名字

守望

立在秋天的枝头

我成不了那枚金色的果实

那搁浅的时光与愿望

在岁月的风中无法成熟

而我一直在等

等一则飞鸟衔来的微信

等一封秋风浩荡的邮件

那些虚无了的生活

困顿里也有我的忧伤

而我一直在等

从夏天等到秋天

从艳阳高照等到晚风清唱

等到目光消瘦了

等到一地破碎的月光

最初释放的真心

开不出善意的花来

那些褶皱了的青春视线

捕捉不到黑夜里那颗最亮的星辰

而我一直在等

等一段秋叶纷飞的舞蹈

等一片灯火阑珊的书简

等在今夜的站台

等待我愿望里的车辆

停靠在我的心田

尽管那只是短暂的一瞬

哪怕

丢失的是那些仓促的日子

哪怕

载走的是那些斑驳的思念

那颗最亮的星

秋意浓了
天空有些阴霾
一心想要看到的场景
从未出现
心从来都没有热闹过啊
那些忽略了的细节
经不起揣摩
那些擦肩而过的陌生
渐渐地熟悉

看不见你时你在心里
看见你时你在天边

游走在寂寞的边缘

当寒风来临

不知凋零了多少叶子

唯有那不褪色的化瓣

依旧盛开在你童年的额头

珍珠般晶莹的挂坠

融入你安然的神情

散发出天真烂漫的气息

饱满地

从古老的岁月一路走来

陪伴在我的心里

冬天的夜

我不觉得冷了

不知南方的雪要等到哪一天

但我的心里依然缠绕着你阳光的味道

不肯离去

无限辽阔的城市

我在寂寞中游走

小时候梦见过的繁华

也就是你这般样子
你将幻变的釉彩
画在我沧桑的坯胎上
绚丽的表情
赋予我生命如此温情多彩

那扇窗

时光斑驳了我的墙壁

那抹思念的红

依旧依偎你的肩头

透过那扇窗

是一个冬天无言的守望

那一片或近或远的万紫千红

冬韵

在自然的色泽里

岁月幻化成诗

打开灵感的闸门

原来思绪可以这样自由地描绘

可以这样浓墨重彩

演绎生命纯真的形象

心灵之韵轻描淡写

展示一种蕴含的美丽

一种矜持的人生态度

秉承一种姿态

拥抱一种葱茏

伊人节

这是一个没有雾霭的黄昏

天空很晴朗

路旁的行道树裸露着肌肤

怒放的花蕾预示春天的来临

不经意间

繁星也布满了夜空

特别地明亮

今夜，一盏心灯为你照亮

我看见了

黑夜中那颗最亮的星

诗，不等同于我的生活

诗，在我的生命中
静静地枯萎了
又在阳春三月的枝头悄悄地萌芽
生活中的那些烦扰如涓涓细流
消瘦了岁月的影子
却又在风中无声地成长

我从生活里汲取养分
香烟或烧酒，困顿或忧伤
渐渐喜欢上了茶一般的缄默
浸淫其中而又深受其害
沉淀出诗一样的颜色
我愿意活在这生活的酒里
燃烧内心而又终生执迷不悟

现实给予很多
美好的真心和善意
坦然接受来自世界的信息
似乎忘记了那一瞬而过的凝重
那些难以言尽的仿佛

醒了又醉了

时光赠予一条无形的绳索
悬浮在生命之上
很想有一条通往春天的路
除了心怀梦想
还有什么比这寂黑的夜更长
常常期待阳光明媚的早晨
被自己所爱
说好了可以善待
那些被生活难以言尽的灼伤

夜晚，一种特别美好的时刻

时光是不能辜负的

犹如我们从未辜负过的青春

或许丢失了一段不可重来的美好

但正要收拾心情重新上路

需要内心的坚韧

选择内心

就不会屈服现实的种种错误

坚持该坚持的

选择该选择的

哪怕失去眼前的一切

但同样相信明天

三月也是我们的轮回

不只是眼前的花开花落

而是脚下又多了一道深深的印辙

下雨了

这个淋不湿的春天

不同于阳光下的一派

而是领略万物的另一种时刻

我们能够听懂时光的回响
唤醒封存已久的意识

时间的风
吹来又远
或许只是静默的一缕光阴
在夜深里
透过一扇窗
开一树的繁花
我们相信过的
依然会怒放不息

摒弃人生的奴性
选择真与美的追逐
或许要用一生的时间
不言放弃，喻志坚守
一路走来的年华彼消此长
风褪去了往日的喧嚣
但也送来了适宜的温度
或风，或雨
或泥泞的路途
向前的方向不会改变

守护在灯光的温暖里

理想也很醒目
这个时间与自己相处
固执或偏见都是最好的心性
在相遇的下一个路口
微笑，侧身，目送
然后迈开步继续向前

南昌的雨

雨下了三十多天
下得缠缠绵绵
下得天地空蒙
下得心也湿润
本是情意浓浓的三月天
目光仍在消瘦
不见阳光不灿烂的花儿
默默地隐藏了起来
憋在花苞里的苦涩
等不来盛开

总能在一个个长夜
一遍遍听见猫语
只是孩子的作文
除了雨还有春天的描绘
那些关乎于青春的想象
写得眼花缭乱

习惯于走在河边栈道
风吹歪了思念

本该在浪漫的季节

做些浪漫的事

只是雨重压在心头

理想，成了一个空洞的话题

听说四月雨就要停了

那么我们是否喜欢

枕着风

去追逐那些温暖自由的时光

你的生活也有你的诗情

你告诉我
哪怕再纷繁的生活
也能开出美丽的花米
犹如这场春雨过后
阳光改变了我们的模样
其实再平凡的脚步
都是走在人世高高的河岸上
而我只希望简单地活
不需太多言辞
只愿拥有一颗朴素的心
不断丈量生活的路途与风景
或许只需方寸土地
就能生长岁月的妙曼
感知生命的纯真
在这高高的河岸上
看得见天空变幻
感动于奔腾的波澜
内心深处涌动的河流
我喜欢荡起双桨
在风中的歌声里断断续续

在愿望里相见

在一个个长长的夜里
一次次想起那些芬芳的往事
那些解不开的谜题
愿意在狂奔的日子里
抽出点滴时间去看你
愿意在不经意间
回眸那擦肩而过的不羁的背影

时光剪去了曾经的飘飘长发
人海中我们已经走散了很久
岁月改变了你我的样子
只是那个夏季的风
一直吹到了这个春天
在越过了人潮如海的街头之后
有一种心事在愿望里相见

被生活所爱

常常感叹时光飞逝

禁不住被未来吸引

如果人生还有什么永恒

就是焰火绽放的那个瞬间

被生活所爱

包含了欢愉与忧伤，困顿或迷茫

那些有意无意的遐想

在每一个清晨里醒来

与我们的命运再次相遇

跟随内心去走另一段美丽的路

在阳光下飞翔起来

一片绿叶也能感知岁月的静好

醉在春风里忘记了生命的存在

不在乎拥有什么

一直是向上的姿态

但我们都不再年轻

老了的还有窗前攀爬的藤蔓

不离不弃，追随多年

那些苍凉了的岁月

用悲伤去怀念已毫无意义

付出了真心的理想的华年

燃烧过我们的内心

其实也一直欺骗着自己

否则，在这样一个夜深人静的时刻

怎么会有泪滴滑落在黎明的枕边

那些过往和未知的怀疑

或许只要一个勉强的理由

便能抚慰心灵

在遗憾中接受来自生活的虚情假意

然后一针一线去缝补时光的遗漏

那些斑驳了的岁月的光影

然后静下来关闭一扇窗

抛弃一些看似明媚的阳光不再美好

以最初的寂寞收割灵魂

不断地重复着决绝与幸福

相信自己不凋不败，不盛不乱

能听见音乐来自月光

一生如此充盈着激烈，又充盈着纯然

相信了自己能驻守岁月的信念

相信了一切能够预见

不在乎拥有什么

立秋

仿佛夏天刚刚开始
飞鸟却告诉我立秋了

这是个酷暑难耐的日子
一个人毫无目的
躺在宽大的沙发里发呆
懒散地不想言语

泡一壶思念已久的茶
在苦涩而深远的嗅觉里
品尝秋的滋味

人到中年
是享受寂寞生活的开始
是又一段人生的起点
是那一片守候的金色的麦田

这一路走来的风景
很多人和事
渐渐淡出了视线

分不出是不是曾经渴望的样子
而很多未知的前路
又渐渐清晰与明朗起来

多年以后
一不小心就变成了今天的这个样子
雕刻在孤单的时光里
明月开始上演

您永远美丽

从一个梦想的出发
到一个梦想的抵达
您用岁月的年轮
编织了最美的春天
感谢您
一路走来的关爱与鼓励
特别在最困难的日子里
给予我战胜坎坷的坚强与勇气
您以成熟的内心
站在更高的境界
始终选择坚守品质
拥抱最饱满的人生
您永远年轻
沐浴生命的阳光开始新的出发
被未来吸引
对明天怀着无穷的追索与渴望
不停地从无限的时空中
接受希望、欢欣与力量
您永远美丽

与梦想一起生长

时光流转

年轻的故事不曾走远

梦想开始的地方

青春的河流依然汩汩作响

透过同一扇窗凝视世界的眼神

让彼此铭记与感动

青涩的面容

被初醒的阳光沐浴

蓬勃的背影

留在青藤缠满的绿墙上

三十年的时光，我们走了很远

存放我们青春时光的记忆仍在

构筑我们同窗情谊的真诚还在

生活是迈向理想的旅程

选择坚守，选择内心的呼唤

朝着明天的生活坦然奔跑

永远阳光地前行

激情的双目点亮冲向未来的那盏灯

初心不负，以致青春

海的誓言

越过山

去追逐遥远的蓝色的海岸线

少年时代的我们

都曾有过这样的誓言

这些关乎于青春的想象

燃烧过我们的内心

而现实并非如此

一路跋涉而来

那座山终难跨越

那一抹蓝色的海岸线

仅是一个遥远的梦想而已

不去否认曾经拥有过的青春年华

我们都曾为了这个梦而努力

只是，前行的路上

我们一步步走向了生命的深处

对于很多都有了深刻的理解

潮汐

一次又一次涌向岸边

海风却轻柔得很

那些根深的椰树
高高地耸立
在淡忘的季节里
守候着温暖的华年

春暖花开

洁白的云朵轻轻地飘过
蔚蓝色的梦幻荡漾在心里
候鸟般横穿了整个季节
短暂的停留，总会伴随湿润的晚风
甜蜜的味道飞翔了起来

忍不住，与浪花有了亲密的接触
犹如儿时的玩伴嬉戏打闹
对着遥远的星辰雀跃欢呼
久违了，心灵的夜空特别晴朗

沿着海岸线追寻梦的方向
就像成群的鱼儿在水草中滑过
眯着眼也能感受大海的辽阔

轻柔的晚风送来海的味道
小小的船帆张开了快乐的翅膀
乘着风，越过海洋
我想要一种奔跑的冲动
追逐黎明的脚步冲向巅峰

在这里有过的许多回忆
不知何时冲破记忆涌上前来
曾经有过的美丽遐想
以及青春芬芳的姿态
阳光下，万物生长

微风中闭上眼睛
如随波漂摇的珍珠熠熠发亮
在不断感受的时空里
继续明天的旅程

虚度

我想和我虚度的时光
一起被人遗忘
比如低头看鱼
无人问津，与世无争
比如摆弄眼前的花草
可有可无，但依然生长
比如暴雨来临时
静看世事变幻
看街头行色匆匆

把茶杯遗留在桌上
直到下一次想起
在滚烫的开水里焕发生命
还想和落日一起舞蹈
等到灯火阑珊繁华满目
直到夜晚来临之时
又将辗转难眠
这辈子所犯的错误
多数人都会犯
而唯独醒悟得太迟

还要在风起的时候

看窗外的乌云飘散

被虚度的时光繁华尽失

但明天还要这样无拘年华

如此美好的虚度

比如躲在屋檐下避雨

消磨无奈的时光

多想长出不惧风雨的翅膀

在安静的夜里逐梦飞翔

这年，这月，这日

生在故乡的土地上
长在故乡的记忆中
那一片清清浅浅的秋池
是否给了我一轮不落的月光

风起处，芳香依旧
红尘间，烟波不息
如此滋润的青春年华
走过蒙蒙烟雨
走过苦涩的歌

尽情地
将秋天的芳菲尽收眼底
让飞鸟捎去远方的信息
在目光相接处
向你伸出梦想之臂
将思念拥入怀中

等等我吧
在冬天来临之前

愿意把最美的心事给你
在相约的时间地点
用一生抵达辉煌

时间在指缝间流走
说好了
就此一生不离不弃
拥挤的街头，彼此所记住了
那深情世界的一眸

一叶扁舟
搁浅在岁月的沙滩
允许我
沿着那条挂满灯笼的小路
抵达梦乡
让我醉在你如诗如画的怀里
聆听光阴的故事，低吟浅唱

缠绵不息，魂牵梦绕
让古老的都市成遥远的传说
唯有那条开满鲜花的小径
固执地等在风雨中

潮起时

又要远行千里万里

为你点起一盏灯

照亮前行的路和未知的归途

期待在下一个春天靠岸

在这金色的午后
阳光透过眼睛
沉落杯底的绿茶把春天回味
记不清
那几株盆栽的花枯萎的时候
仍然愿意等在岁月的墙脚
等春来

繁忙的街口
红绿灯依次闪烁
那里流动着时间的嘀嗒声
也流淌着你的生活
纯真的背影留给了昨天
与梦想一起张开的帆
期待在下一个春天靠岸

自然是一种态度

再次见到你如此从容

生动地讲述风尘与往事

岁月可以幻化成诗

崇尚一个至高的图腾与梦想

在秋天的色国里

打开灵感的闸门

原来艺术可以这样自由地绘画

可以这样浓墨重彩

演绎生命纯真的形象

其实生活就是这样多姿多彩

展现一种成熟与蕴涵的美丽

一种矜持与兼容的人生态度

任凭时空的交错与重叠

心存于平静与繁华中

期待下一个春天的来临

春与秋的容颜如此相像

秋与冬的轨迹循环往复

只是空间改变了我们的视野

那么让心灵再次上路

相遇

曾经总是希望

愿世间所有的相遇都能美好

哪怕只是夜空里那一颗最不起眼的星

哪怕只是在擦肩而过的瞬间

彼此温暖过

有过深情的注目，感动或回忆

到今天才渐渐明白

原来，世间所有的相遇

不过是渐渐流逝的年华里

一颗燃烧过的渐渐平息的心

缤纷世界的绽放

你清新自然的帆
升起在我的眼前
一个明媚的世界如此清晰
你打开了我的视线
带给我一个又一个惊喜
我内生的热量有力地凝聚
不惧风雨
以一个全新的视角
追寻新的地平线

在这个崭新的世界里
你水晶般清澈的眼神
散发着迷人的光亮
温暖了我
向着一个充满阳光的地带前行
在这个全新的世界里
我们站到了一起
意味着一次激动人心的改变
肩并肩，与你一起创造奇迹

等

日出等到日落
黑夜等到天明
等到灯火散尽
等到满城秋雨

河流

最热闹的时候也是最孤独的时候

最落寞的时候也是最繁华的时候

在喧嚣与寂寥间行走

人生像一条奔腾的河

柔软而无畏

昨天与今天

只是一次小小的告别

今天与明天

也只是一次短暂的相约

在命运的河流里

有时起伏，有时平静

心头的那几朵浪花波澜不惊

风起时，雨也来了

太阳升起时云也来了

滚滚红尘中

有多少渴望就有多少回眸

相信了生命中的缘分

有时只能擦肩，有的终会相依

相信了生命中的火焰

温暖不了夜色但能抚慰心灵

相信了生命中所有的欢乐

来自心与心的灵犀相通

也许没有言语

也许不再相见

哪怕世界只剩下心跳与呼吸

这条梦想的河流

永不停歇

穿越无边的荒野

夹杂着梦幻与忧伤

和苍茫的大海一起

卷起滔天巨浪

愿你对自己的爱比真爱还要深

此时又是一个很深的夜

而昨晚我已失眠

我将我的愿望封存在心里

不知对谁说也难以表达

我只能站在灯光的视线里

看远方的路以及不确定的天空

我将我的爱贮存在心里

从未有过如此的炽热和深沉

我告诉自己好好地坚持

穿过一段黑色的时光就是黎明

有如这座爱与温暖的城市

下过了很多冬雨

终于迎来了崭新的阳光

我将我的希望也存放在心里了

因为生活从不相信眼泪

我愿意以卑微的理想之光

去照亮你的未来之路

对生活如此地真诚与热爱

就是我今生最大的付出

我愿将我的愿望，爱与托付
化作你生命里的坚强
只愿你对自己的爱比真爱还要深

风代表了所有的语言

沉默时
不是不想说话
而是风代表了所有的语言

下雨时
不是不想停下
只是天空高悬的云脚
越来越近

有一个时刻

如果有一个时刻
不曾有过太多的期待
那么你随遇的一切都将是美好的

如果有一段路途
抛开了所有的心事
那么你迈出的每一步都将是轻盈的

我把回乡的路当成了远方

故乡不远

就在江南三月的烟雨里

在河对岸的山那边

那里没有街道、没有路灯

只有弯弯的小路

绿树里断断续续的几柱炊烟

父母都健在

他们坐在低矮的屋檐下

看群山围起的天空

看眼前的稻田

一年四季的播种与收割

岁月厚重的心事

像一过又来的山风

无人领会也不知从何说起

太阳下山后月亮又上来了

无数的星光迷乱了眼睛

这不就是梦中的诗与远方吗

想亲近，拥抱，甚至迷恋

而每一次的擦肩而过

仅仅是不解人意而已

据说几阵春雨过后

山里的花又开了

开在房前屋后，开在漫山遍野

一年比一年高大繁茂

修在山脚下的房屋不常住

时光长满了青苔

变化是细微的也是深刻的

几年前飘摇在树丫的鸟巢

飞出一拨又一拨的小鸟

飞向了远方，飞向了新的家园

但听说

今年的春燕儿又飞回来了

我把我的记忆反复背诵

怕忘记再也无法想起

我把我的想象托付给山里的白云

放飞在春风里

随梦中的蝴蝶不断飞舞

而我，始终在犹豫

在繁华里与生活一起烦忧

有时彷徨失措，有时无从选择
拾捡在门边的行囊
塞满了思念与向往
提起又放下，然后安慰自己
也许明天，也许后天
也许一个春暖花开的季节
我就真的回到了你的身边
从此不再离开
而你的美丽是否安然无恙

原来
我把回乡的路当成远方了
阳光照耀的地方
便是脚下的漫漫长路
我要沿着春天的河流逆流而上
追寻彼岸的花朵
将眼角的泪水化作浅浅的一笑
哪怕只是一个轻轻的拥抱
便是一生一世

这是一段怎样的时光

有些话
说着说着就不说了
因为那些话
在平淡的日子里
已经沉落在心底

有些话
写着写着也就不写了
因为这些话
在相对的视线里
已经烙印在生命里

时光无情，爱有深意

怀着一颗童心在夙夜里游荡

对于明天

没有太多的期待

就像给一株花浇水

并不期望它盛开一样

没有默默的付出

哪会有缤纷的绽放

脚踏宽广的大地，仰望天空的高度

让心变大

大到容得下梦想与自由

对于未来

是一种狂奔时的后知后觉

把人性中最好的一面

给予这个深邃的世界

哪怕会有短暂的迷茫

怀着一颗童心在夙夜里游荡

因为本真，黑夜终将透明

不被眼前的一切迷惑了双眼

这仅是一种梦醒时分

而不是终将抵达的天地

阡陌

落满秋意的晚上
灯光依旧阑珊
除了人影稀疏
还有眸子里的思念
风微凉

写给你

犹如这个炎热的夏天
我们选择了向南飞
飞向赤道，飞向炽热的海滩
犹如在一个困难的时刻里
我们依然选择了乐观与坚强
品尝过的时光
永远会是那种甜甜的味道
就像我们站在椰树下的仰望
畅想未来生活缤纷的模样
我们需要的不是蒲公英般的自由
而是要有飞得再高
也能平稳落地的人生情怀
落在哪就在哪扎根
在哪扎根就在哪开花结果
然后生长了梦想的翅膀
一生当中有多少这样的情怀
就有了多少这样的自由
永远给心灵留一点空隙
因为，那是阳光照进来的地方

谜题

分明是夏天

却有阵阵秋凉

打在脸上

打在不堪重负的双肩上

沿着皱纹去寻找梦的方向

少年时代折叠的小船

划过青春的河流，中年的海

迷失在思绪的汪洋中

归于平静

人生的很多谜语

如今夜的蛙鸣

在池塘边没有了踪迹

守候在风中的歌声里

还有一支烟

亮起点点光明

追忆

哪里去了

那片金色的梦

那傻孩子无瑕的影踪

我迷恋，我追寻

童年的天真

找到了，终于找到了

山泉明净

蜻蜓悠然

蝴蝶翻飞

带着儿时的绚烂

儿时的山脊

随风，随阳光不断起舞

剪一片美丽的枫叶

别在岁月的胸前

去迷恋去追寻童年的天真

尽醉人的催眠曲

在摇篮边淡淡远去

朦胧的身影

带着童年的梦幻

以及

神往天空

神往山谷

神往蟋蟀鸣叫的地方

越过山峦

越过美好的记忆

久久地

将青春

刻入深邃

刻入历史

刻入潇洒的形象

时光

三月的寒意没有走远
四月的雨就来了
阳光成了这个季节的想象

一杯明前茶泡在春水里
吐出嫩绿的叶芽
诗意由此荡漾开来
双眸便有了一幅远山的图画

本是风一样的男子
风一样穿梭
自由地追逐如水的年华

一棵树，移植在都市的森林里
那些被打上年轮的时光
却留在那个叫做怀念的地方

生活

(一)

感受炽热如焰的夏天
其实就是飞蛾扑火的姿态

(二)

一点一滴流走的生活
一丝一缕雕刻的时光

家

有时离家很远

有时离家很近

有时，我们只在生活的原点

安静地守望

心在哪儿，家就在哪儿

有时，我们会在异乡的街头

恋恋不舍

在满眼泪光中坚强

在破碎的阳光下阅尽繁华

起风了

冬没来秋已凉

努力告诉自己

再苦的日子也要过出诗来

再累的生活也要相信美好

在人群的一隅

孤独的心也会有辉煌的时刻

或许刹那，抑或一生

一直喜欢在文字中流浪

在无声的寂寞里流淌

生活啊，我早已相信

你的偏爱有加

宽恕了我的偏激

教会了我的忍耐与坚强

歌的情绪也会在空气中传染

在破碎的阳光下阅尽繁华

很多时候我们无从选择
选择和一些不愿相处的人相处
选择与一些不愿相见的人相见
选择内心的坚韧
选择毫无深情的仰望

生活本是一本厚厚的哲学
似乎每个人都找到了
那份为心灵袒护的阳光

其实心已散开

小时候的这个季节

我一定是迎着金色的稻浪

在芬芳的田野里肆意地奔跑

追着蜻蜓，追着蝴蝶

和稻草人一起嬉戏打闹

那个时候的我

少年的眸子里满是星辰大海

清澈的月光给了我同样清澈的遐想

那是一段无忧无虑的时光啊

灿烂而丰盛

一直留在生命中

留在陡增的年华里

而如今

总在记忆中梦回

在盛开的皱纹里找寻失落的岁月

阳光依然灿烂

温暖沁入心田

只是人海中多了一份孤独

匆忙的脚步里总有一些凌乱

秋风渐起
那抹浓妆的点睛之色
经不起细看，还有几分潦草
那些春天说过的话
和蝉鸣一样了无踪迹
仿佛此刻真的不想太多言语

如果不是园子里的花香
似乎又淡忘了一个清凉的时节

黄昏之后
灯光又上场了
相互映衬，互为风景
而没有几盏与生命有关
没有谁在风中承诺
一辈子算不算永远

仿佛这世间的美好
只能珍藏
犹如爱上的那款红茶
在心情最阴霾的时候
芳香如酒

在无限接近泥土的质朴里
感受阳光的味道
该烘干的烘干，该过滤的过滤
把生活还给生活
把生命交付生命
让心灵回归
时光不老，永无倦意

回眸

开始想念了
想念昨日的阳光下
等待采摘的果园
想念前世今生的河流里
那一抹浅浅的笑意
感谢生命中所有不期的邂逅
和不可辜负的时光

迷失

等风来
等天边的云朵飘过来
等春来
等梦想开出美丽的花来

等小树长成了大树的样子
等到秋天渐渐变凉
等到流浪的脚步走向远方
等到一辆蓝皮火车
和一路望向窗外的目光

等在人潮涌动的街口
心却迷失了方向
等一个人
或不可靠岸的相望

等一幕幕生活上演
等一出出舞剧谢幕
等一个个故事开场

等到城市的第一场雪
等到花都谢了
等到星星失眠了
等到了城里破碎的月光
等到远方成了故乡

其实很好

把时间还给你
把夜色还给星星
那些珍珠般散落的年华
在心灵的天幕熠熠生辉
那一双属于你的眼睛
每一次抬头凝望
都是那样遥远而又深情款款
心，从来都不曾流浪过啊
岁月给了一副隐形的翅膀
穿越在时光里
与昨天重逢，与明天相聚

把时间还给我
把心潮还给平静
那些波纹般散开的心事
融化在生命芬芳的流动里
悄无声息，了无痕迹
没有彼岸也永无尽头
一切以最自然的样子
安静而从容，枯萎或生长

一直以为

这是一条走过无数次的路

这是一段从未走过的旅途

每一天都是新的

想出门走走
楼下就是郊外
风有些冷也有些瘦
就如脚步的声响
迟缓而落寞
在人群中久了
就想逃离
向着相反的方向
释放自由洒脱的气息
无须迎合和刻意
以非诚勿扰的状态
过好这一刻

沿着路灯
影子也很随意
没有目的地
却可以走得很久很远
让穿梭而过的风
梳理一下一天的思绪
不让那些所谓的人与事

沧陷了自己

我们对世界

往往怀有一种偏执

深爱又充满疑虑

简单而又复杂

甚至可以对一棵树

怀有一种天然的亲近

却很难对眼前的人

保持一种平视与关切

我们习惯了平庸

微笑而又腹黑

让心包裹一层厚厚的盔甲

夜晚

仿佛一个命题

无法辩证与解答

仅希望孤单的伫立

仍保留那种飞翔的姿态

在骨感的现实里

保有那份诗意与浪漫

相信想象创造了生活

犹如希望

明天的路上一路绿灯

希望下一个路口
遇见一位似曾相识的人
一切皆有可能
因为
太阳每天都是新的

明白

已经走了很长的一段路

所谓沿途迷人的风景

无非就是花花世界里

那些风尘和凌乱

很想没有忧愁或悲叹

不回忆昨天，不憧憬明天

无论慈悲或善意

今夜

只有一种声音肆意流淌

淹没了仅存心底的那些热望

心与心之间

远或者近

陌生或熟悉

那么经不起岁月的蹉跎

那份最初的光隐藏起来了

阴霾或毫无意义

从未有过的意识更加不定

在这样一个特别寒冷的日子里

只有仍保留着最初的温暖

我要去看看春天

很想去看看春天
看房前屋后的花开
看远山漂泊的云朵
春天
不仅意味着和煦的风
不仅是流动的思念和脚步
它是一种内心真实的声音
或是沉闷了许久之后的放松

想看看阳光下舒展的皱纹
想看看摘下口罩之后的靓丽
想回到拥堵起来的街道
想记住灯光变幻的样子
想在城市如潮的呼吸里苏醒

孩子的书包是沉甸甸的
里面装着理想、希望和期待
还装着偶像、情歌和巧克力
也很想看到不远的阳台上
那个爱美的女孩

画着眉毛、涂着口红
往脸上打着淡淡的粉底

还想知道
那家卖小笼包的店铺开张了吗
那个笑靥如花的理发师来了吗
那个修脚师傅的工具生锈了吗
那一天到晚的骚扰电话还多吗
那很久未浇水的绿萝还活着吗

还惦记着
那一山神奇的东方树叶
和叶片上滚动的露珠
足足烧了一个冬天的山泉水
何时才能煮沸
让一泡崭新的春天奔跑起来

其实没有那么远大的愿望
只有苟且一般的生活
在困顿的午后打个盹
在被骂的时刻心平气和
在微信群里约一壶浓烈的酒
在一桌幺鸡的鸣叫中迎接黎明

然后，选一个晴朗的周末下午
去放那只旧年已折翅的风筝
以春的名义飞翔在天空
在这个生无可恋的世界里
继续深爱着
生生不息

回来

不是阴天就是冬雨
真正的春天迟迟没有来到
阳光宛如稀缺的金子
在飘浮不定的炊烟里弥漫开来
头一次感受到
匆忙的生活也有漫长的时间
贴紧大地而又无法奔跑的迷茫

弯弯的小道没有路标和名字
与这个无人问津的村落一样
无法定位也无需导航
但心又总是那样执念
无数次眷恋也午夜梦回

让车儿开得慢一些吧
滑过潺潺的溪流和无言的相望
犹如守望那片金色的稻田
总有些心事说不出口
总有些泪水瞬间决堤

原来早已习惯了喧嚣中的那种种
那无法放弃的困扰与挣扎
至于心底种下过无数愿望的故乡
我们始终选择了坚定而又默默地离开

一个场景

一个转身，两个世界

或许只是我们平常中的一个场景

一段路途或某些回忆

我们时常忽略雨网下那汹涌的内心

把视线投向那温暖的亮色

因为那本是希望也是真实的生活

一天接一天，雨或晴

有些可以结束，也有一些可以继续

还有一些等待开始

也许我们从来都没有真正地疼痛过

在微弱的光影里

追寻那些光鲜的岁月

一幕幕上演的人生话剧

疑问

太阳是孤独的
月亮是寂寞的
星星却难以计数

大海是辽阔的
江河是延绵的
雨点却如此密集

一如风贯穿山河
似黄昏暮色沉溺
若星火暗燃不息

放下

我决定在命运的转角处放下
在燥热的白天或清凉的晚上
心里有了不一样的感知
你有你的视野但我有我的视线
你的原点不能等同于我的初心
如同在一片星光下仰望
你我的天空都会是多么地不同
我在夜色中读雨
读头顶上翻滚的云
内心涌起的波澜这般平静
我放弃追逐那所谓光芒的岁月
并不是我厌倦了什么
也不是因为远离了阔大的时光

而我依然坚守生活至上的道路
努力地活，简单地活
活在细碎的日子里
过往的人和事不足以改变
那目光触碰的画面
有的需要用一生去维系

比如困境中坚韧的背影
比如起初的真心和始终的从容
有的要用决心去放下
比如那虚幻的理想主义
比如那一道道人设的栅栏与风景

一封信

听说，孤独

就像天空中飘浮的城市

仿佛一个无从述说的秘密

低头看雨

看水花中绽开的海市蜃楼

像眼前的真实一样

变幻而多彩

雨后的阳光又总是那般灿烂

折射在玻璃上的那束光

犹如天空多了一颗耀眼的太阳

你的温暖

总是隐藏在高冷的地带

就像地层深处的那团火

只要触及那根弦

就会喷涌而出，熊熊燃烧

但你总是隐藏内心的爱意

默默地注视着越走越远的背影

忘记了真实的自我

也忘了内心那个软萌的你

是呀
你是个长不大的孩子
你有你的自信也有你的骄傲
孤单就站在你的心里
漠视它，亲近它
甚至淡忘它淡淡的花香
你心里，你头顶
有一片广袤的天空
容得下风也装得下雨

希望明天的路途
天空少雨多晴空万里
愿你往后余生
春有花，夏有伞
秋有灯，冬有衣
勇敢地攀越
追寻自己最酷的梦吧
阳光照进来的那一刻
你会闪耀其中
而内心依旧那样清澈透明

不可辜负

一切看在眼里

也疼在心里

铭记一份感动

也拂去几粒尘埃

生命如同大地的原色

或苍凉无比

或五彩绚烂

灵魂可以独行

但初心不可辜负

昨夜，今天

站在这里
能看到几条街之外
表象而迷乱
心如红灯绿灯
在短暂的时间被人流推涌
然后行走在不同的方向
殊途同归

抽着烟
打量谜一样的天空
朝着自由的方向张望
沉默得像诗歌一样
仅用很稀缺的语言
让整个夜晚一直失眠

经常喝醉
醉在风和梦里
醉在世俗的渴望里
忘记了说话时的温度
忘记了美好的一个场景

却记得了酒的辛辣，茶的苦涩

开着车
暴雨一样狂奔
在某一个转弯的地点
依然拥堵不堪
雨水拍打着玻璃也湿透了内心
漂浮在水中的城市
为啥心事如海

彷徨

一直想往前走

找寻更好的将来

体会奔跑的淋漓和快感

然而，苦难的日子

不是过程中的痛苦与忍耐

而是发现自己不知不觉中

变成了一条无法进入大海的鱼

迷失了方向

也没有跃起的动力

只会在固定的轨迹里游来游去

夏天，并不完美的心事

天渐渐地热了起来

趴在树荫下的狗

吐着长长的舌头

这是一个真正意义上的夏天了

曝晒在阳光下的苦涩

开始有了甜甜的味道

有人喜欢它的绽放

秀出性感

秀出妙曼的身段

也有人不喜欢它

不喜欢裸露的肌肤

不喜欢夸张卖弄

不管怎样

夏天还是来到了生活

路边叫卖的瓜果

散发出诱人的香味

孩子们抱着大大的西瓜

怀抱着满足与渴望

这个季节
女人尤其心事很重
袖套、太阳镜、面罩
把身体包裹得像个阿拉伯人
而装在电动车上的遮阳篷
怎么看都是丑的

男人们的释放就有所不同
除了镰刀和麦穗
还有 KTV、酒吧和夜宵摊
挥霍着力量与酒量

只有大自然
默默送来清凉的晚风
隐藏了一个冬天的心事
和湿润的泥土一起
蓬勃了起来

天空中的阴霾
不知不觉地散开了
如果不是天上的那几片云
这一定是个分外明媚的晚上
漫天的繁星
是千万双追寻的眼睛

风吹来又远

笑容也张开了翅膀

一起飞向云端

拾捡者的满足

源自路边的垃圾桶

很多漂亮的易拉罐

蹦跳在蛇皮袋里的音符

摇滚不息

在秋天来临之前

我把最美的心事对你诉说

时间就在指缝间

用一生去抵达辉煌

醉在你如诗如画的怀里

聆听季节深处的低语

让古老的传说开满鲜花

亮起心灯万盏

照亮前行的路和未知的归途

你是我的海港

夜已很深
灯光已经入眠
晚风送来海的气息
我的心语
缠绵在你轻柔的波光里

当我累了
心也疲惫不堪
喜欢眯着眼并不入睡
此刻里
我的心事依然美丽

那个晚上

人生

因缘而聚

因情而暖

这一路遇见

一路告别

把岁月里的点滴美好珍藏

只为等待那场春暖花开的盛宴

拾一路阳光与感动

只为生命的路上有温暖相依

后记

　　无论相隔有多远，对你虔诚的心永不停歇。日子不经意间流走，躁动而忙碌，你给了我一颗安然的心。知遇，在某一个时刻来临，跨越了时空的阻隔。很珍惜你宁静的守候，在这样一个季节，与花开相拥，与纯净相随。

　　纵然人生有不同的形态与风景，念你的心依旧，总是在心里告诉你，下一次还会再来，某一年，某一月，某一日，在时光的河流之上，还会安静地站在河边，任紫外线照射皱褶的肌肤，聆听雪山的融化，阳光下明媚的春风，为谁而开的山桃花，天与地、山与水、花草与树木，自然与性情如此相似相容，岁月把思念的柔情，延续成风和日丽，哪怕还有一些生活的冰霜与曲折，但有一句温暖的祝福送给你，还有送给回归原点的自己。

　　这段记忆牢牢地牵引着内心，这个世界不管有多么不同的人生际遇，努力很重要，无论道路会多么地不易，开心就好。但愿，岁月不要匆匆地错过，彼此的情谊永驻我心！

图书在版编目（CIP）数据

你是我的城市 / 高原著. -- 北京：作家出版社，2021.8
ISBN 978 - 7 - 5212 - 1484 - 0

Ⅰ. ①你… Ⅱ. ①高… Ⅲ. ①诗集 - 中国 - 当代
Ⅳ. ①I227

中国版本图书馆 CIP 数据核字（2021）第 133403 号

你是我的城市

作　　者：高　原
责任编辑：赵　莹
装帧设计：yulong　周思陶
出版发行：作家出版社有限公司
社　　址：北京农展馆南里 10 号　　　　邮　　编：100125
电话传真：86 - 10 - 65067186（发行中心及邮购部）
　　　　　86 - 10 - 65004079（总编室）

E – mail: zuojia@zuojia. net. cn

http: // www. zuojiachubanshe. com

字　　数：60 千
印　　张：8.75
版　　次：2021 年 8 月第 1 版
印　　次：2021 年 8 月第 1 次印刷
ISBN 978 - 7 - 5212 - 1484 - 0
定　　价：40.00 元